三門・五重塔修復着工法要

平成二十七年四月十三日

宗祖日蓮大聖人御聖誕八百年慶祝記念事業の一環として、三門は全解体修理を、五重塔および諸堂宇は修復等を行うことが決定され、平成二十七年四月十三日、三門大改修ならびに五重塔修復着工法要が厳粛に奉修された。

着工法要は、三門前と五重塔西側において、御法主日如上人猊下の大導師のもと、代表の僧俗が参列するなか、盛大裡に修された。

小野工業所

五重塔展開幕

平成二十八年十二月十七日

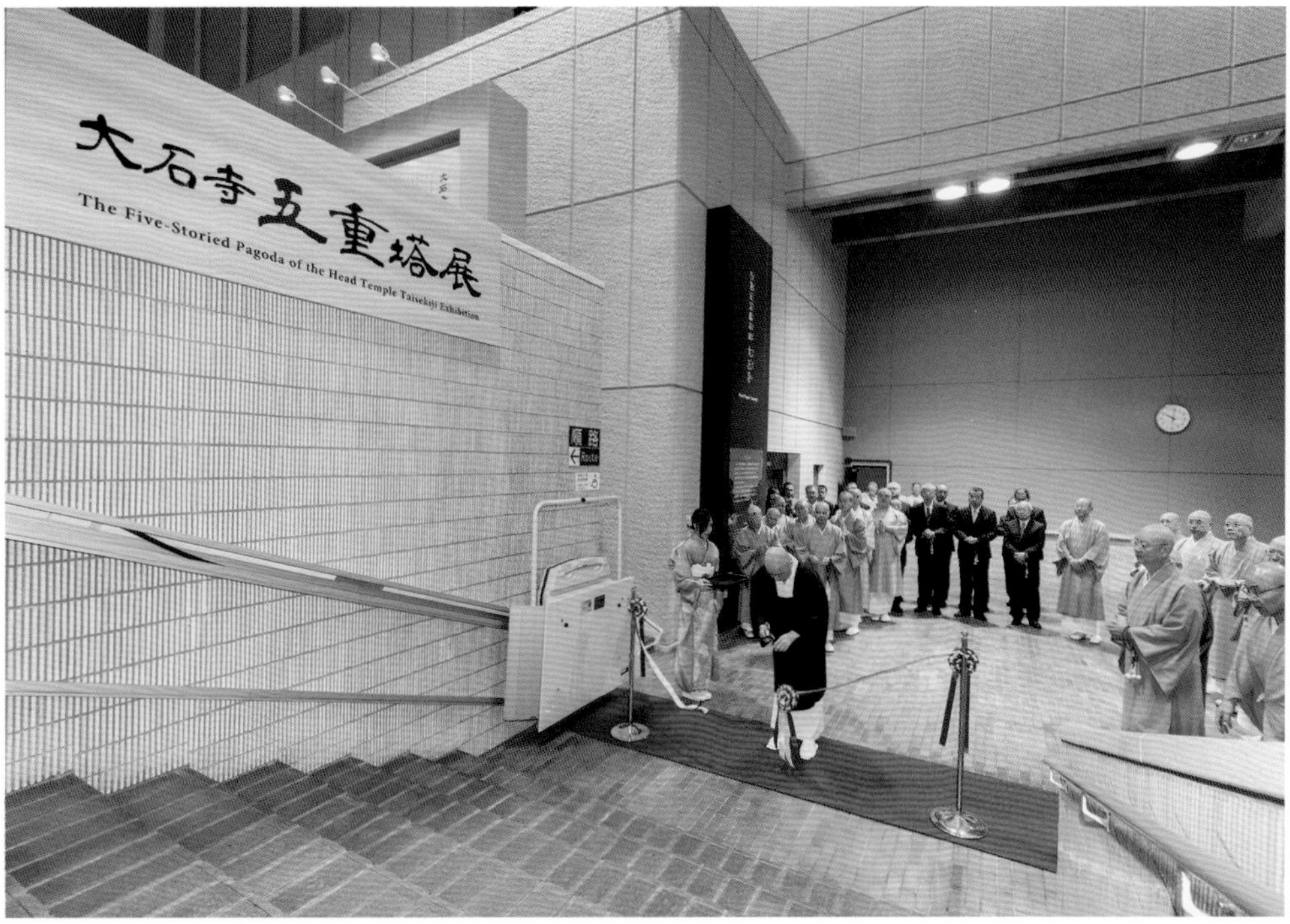

五重塔修復完成法要

平成二十九年一月十六日

やわらかな木漏れ日のなか、平成二十九年一月十六日、御法主上人の大導師のもと、五重塔の修復完成法要が厳粛かつ盛大に奉修された。

五重塔の創建は、二百七十四年前の寛延二（一七四九）年、総本山第三十一世日因上人の代に遡《さかのぼ》る。

その後、今日に至るまでに六回に及ぶ修理が加えられてきたが、老朽化が進んできたことなどから、このたびの修復工事が行われ、約一年九カ月の工期を経て、勇壮な姿が甦《よみがえ》った。

五重塔

二天門通り初め

平成二十九年十一月日

三門御視察

三門上棟式

令和元年六月二十日

梅雨晴れの穏やかな日和に恵まれた令和元年六月二十日、総本山三門の上棟式が厳粛かつ盛大に執り行われた。

　出仕鈴が鳴らされるなか、御法主上人が三門の素《す》屋根《やね》内に設けられた式場に出仕され、御法主上人の大導師のもと、如法に奉修された。

　上棟式終了後、参列者は葺《ふ》き替えられた三門の屋根や柱の様子等を見学した。

特別御供養に参加した国内外の法華講支部等の名が墨書された三門屋根の銅板裏

合宿登山に参加した中高生が三門改修工事の見学を行った

三門展開幕

令和二年十月二十四日

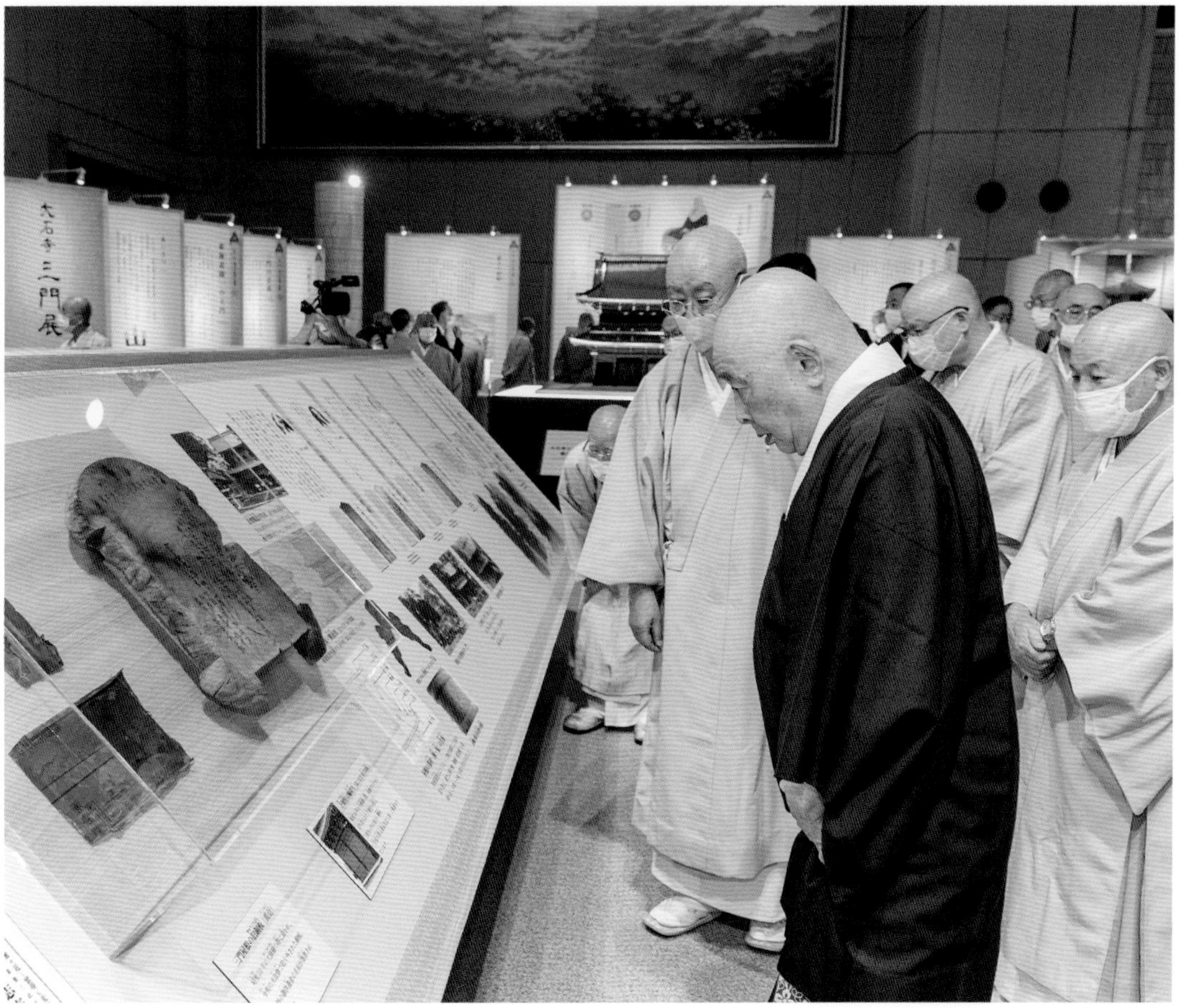

三門大改修ならびに諸堂宇修復完成奉告法要

令和三年一月十六日

奉告法要に先立ち、三門御本尊の御遷座式を奉修（1月15日）

謝　辞
佐藤日学大石寺主任理事

祝　辞
渡邉定元大講頭

祝　辞
水島日叡教学部長

経過報告
小川只道大石寺理事

三門の通り初め

令和三年一月十六日
宗祖日蓮大聖人御聖誕八百年慶祝記念
三門大改修
諸堂宇修復完成奉告法要
総本山

宗祖日蓮大聖人御聖誕八百年慶祝大法要

令和三年二月十五日（御逮夜法要）・十六日（御正当会）

白雪を湛《たた》える富士山が見守るなか、二月十五日・十六日の両日にわたり、御法主上人の大導師のもと、代表僧俗の参加をもって宗祖日蓮大聖人御聖誕八百年慶祝大法要が厳粛に奉修された。

本宗僧俗は、大聖人御聖誕八百年の慶祝と御報恩のため、記念事業の中核である「法華講員八十万人体勢構築の推進」に邁進してきた。その結果、令和二年十二月、約十二年にわたる本宗僧俗の不惜身命・異体同心の信行が結実して、法華講員八十万人体勢構築の御命題を見事達成し、また種々の記念事業を滞りなく成し遂げて、同日の法要を迎えた。

コロナ禍、限られた僧俗で修された

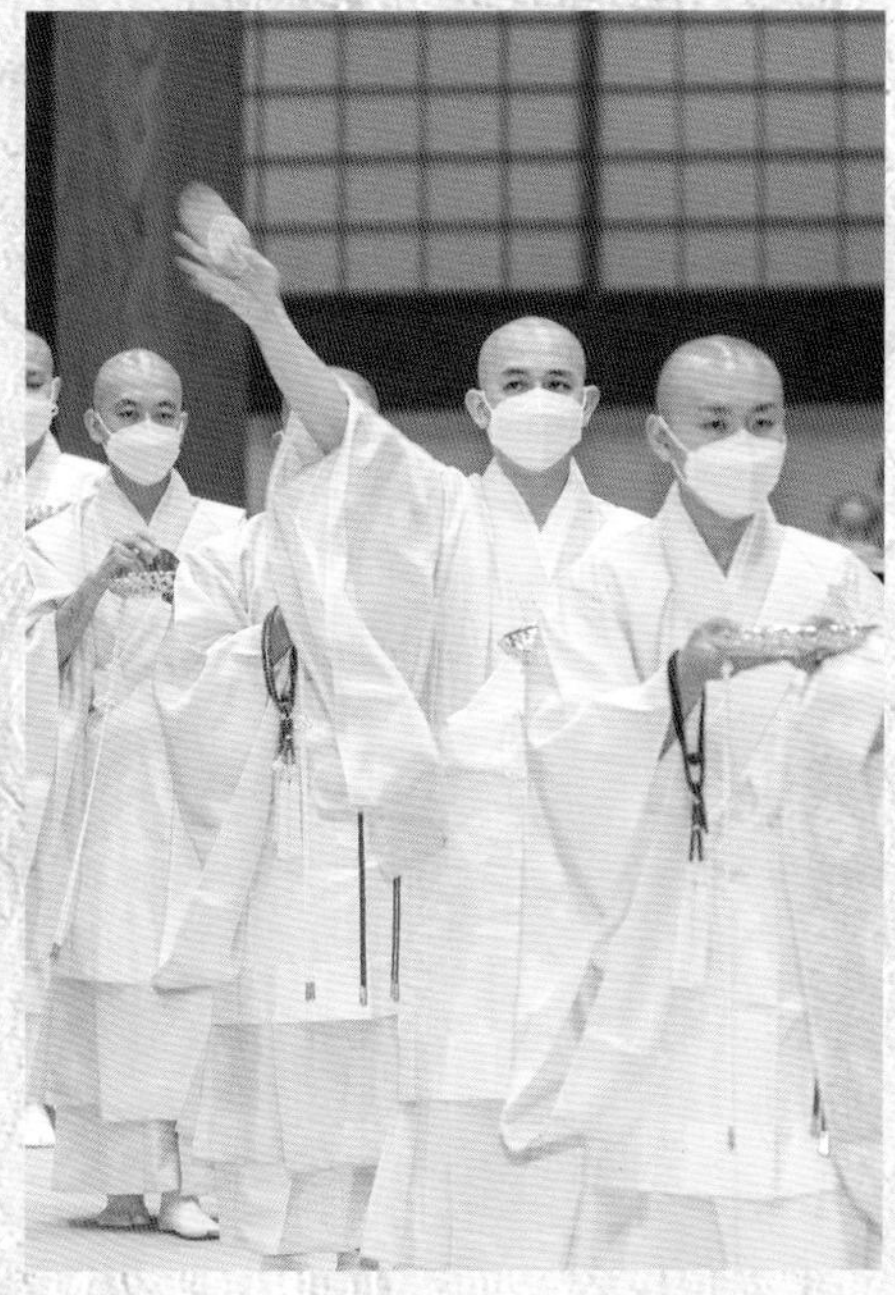

表白文

秀峰春陽ニ映エ　梅花馥郁トシテ清浄ノ気法界ニ満ツルノ候　此処多宝富士大日蓮華山大石寺ニ於テ　四域ヲ厳浄シ御宝前ヲ荘厳シテ　恭シク宗祖日蓮大聖人御聖誕八百年慶祝大法要ヲ修シ奉ル

謹ミテ

南無本地難思境智冥合　久遠元初自受用報身如来之御当体　十界本有常住　事ノ一念三千　人法一箇独一本門之大御本尊

南無本因妙之教主　一身即三身三身即一身三世常恒之御利益　主師親三徳　大慈大悲宗祖日蓮大聖人

南無法水瀉瓶　唯我与我　本門弘通之大導師　第二祖白蓮阿闍梨日興上人

南無一閻浮提之御座主　第三祖新田卿阿闍梨日目上人等　御歴代正師ノ御宝前ニ白シテ言サク

夫レ惟ミレハ印度応誕ノ大覚世尊涅槃ヲ現シ給ヒテ後　正像二時ノ弘教ハ三国ニ渡リシモ　末法ニ至リ白法隠没　五濁闘諍ノ世トナレリ　爰ニ

宗祖日蓮大聖人　本地自受用報身如来ノ垂迹　上行菩薩ノ御身ヲ凡夫地ニ謙下シ給ヒ　本朝安房国長狭郡東条郷片海ニ誕生シ給フ　是レ正シク日輪ノ大光明遍ク闇冥ヲ滅除セル如ク　本門下種ノ大白法ヲ以テ末法濁悪ノ暗夜ヲ照ラシ　万年ニ亘リ一切衆生ヲ救済セル本因妙ノ本仏ノ御出現ナリ

大聖人　仏法ノ奥義ヲ究尽シ　久遠元初ノ本法タル南無妙法蓮華経ヲ唱ヘテ尊極ノ宗旨ヲ建立シ給フ

蓮祖ノ破邪顕正ノ法鼓ニ諸宗驚動シ　大難忽チ重畳セルモ　忍難弘通　勧持二十行ノ偈ヲ身読セラレ　相州竜口ニ於テ本地ヲ

開顕シ給ヒ　其ノ深義ヲ弘安二年十月　出世ノ本懐タル本門戒壇ノ大御本尊トシテ図顕遊ハサレタリ

而シテ法嗣白蓮阿闍梨日興上人ニ唯授一人ノ血脈相承ヲ以テ其ノ法水ヲ瀉ク

第二祖日興上人　大法ヲ厳護シ遺命ヲ奉シテ駿河国富士大石ヶ原ヲ本門戒壇建立ノ霊地ト定メ大石寺ヲ創建セラル　爾来　第三祖日目上人　第四世日道上人ト代々ノ上人　唯授一人金口ノ法脈ヲ厳護承継シ給ヒ富士ノ清流長ク衆生ヲ潤ス

茲ニ日如

御本仏大聖人ノ鴻恩ニ報ヒ奉ラント欲シテ　宗祖日蓮大聖人御聖誕八百年慶祝記念局ヲ設置シ　緇素異体同心シテ各種記念事業ヲ推進ス　即チ三門大改修　五重塔・諸堂宇修復工事及ヒ関連事業ヲ僧俗赤誠ノ篤志タル特別御供養ヲ得テ恙ナク完成シ更ニ日蓮正宗聖典改訂版　日蓮大聖人略伝英語版日蓮大聖人ノ御生涯ヲ刊行シテ　本日　大法会ノ御宝前ニ供ヘ奉ル

就中　記念事業ノ枢要タル法華講員八十万人体勢ノ構築ハ　宗内一同　身軽法重　不撓不屈ノ折伏行ヲ以テ之レヲ達成シ　日本国乃至全世界ニ於テ一百万人ニ垂ントスル地涌眷属ノ輩出ヲ見ル　寔ニ是レ一閻浮提広宣流布ノ御金言ニ添ヒ奉ルモノナリ

冀ハクハ

仏祖三宝尊大慈大悲ノ冥鑑ヲ垂レ　吾等ノ微志ヲ哀愍納受シ給ヒ　正法興隆　立正安国ノ浄業ニ甚深ナル加護ヲ賜ラン事ヲ

令和三年　御聖誕八百年　二月十六日

総本山第六十八世嗣法

日如　花押

敬白

日蓮大聖人御聖誕八百年展

アメリカ・ニューヨーク　妙説寺　令和四年二月五日〜十六日

令和四年二月五日から十六日までの十二日間、アメリカ・ニューヨークの妙説寺において「日蓮大聖人御聖誕八百年展」が開催された。

　宗祖日蓮大聖人御聖誕八百年慶祝記念事業の一環であるこの展示会は、令和三年に開催を予定していたが、コロナ禍により延期を余儀なくされていた。しかし、関係各位の尽力により厳重な感染対策を講じて開催され、連日、信徒のみならず多くの新来者が訪れて、閉幕までに延べ一千三十一名の来場者があった。

Nichiren

慶祝記念総会

令和五年三月四日

宗祖日蓮大聖人御聖誕八百年
慶祝記念総会
講中挙げて いざ総本山へ
折伏躍動の年 広布へ前進

挨　拶
八木日照総監

開会挨拶
阿部日明布教部長

宣　誓
矢澤正人法華講連合会副委員長

決　意
関野洋夫法華講連合会委員長

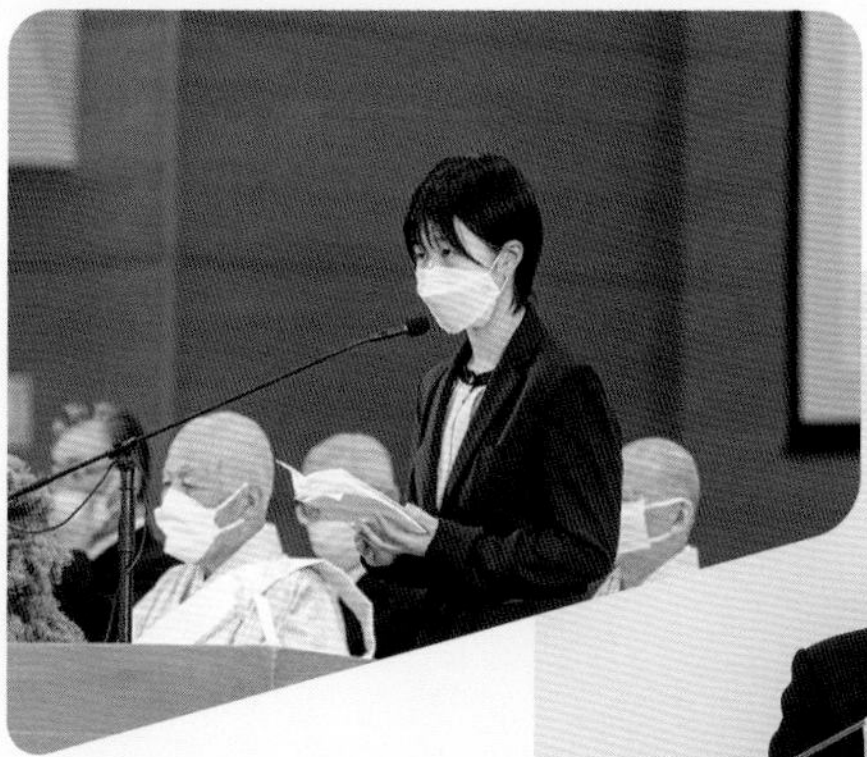

慶祝記念総登山

令和五年三月四日〜十二月十九日

御聖誕八百年の掉尾を飾る、慶祝記念総登山が、「折伏躍動の年」の令和五年三月より行われた。

この総登山は、宗祖日蓮大聖人御聖誕八百年を寿《ことほ》ぎ奉り、全国の僧俗が本門戒壇の大御本尊に信行の成果を報告申し上げるとともに、さらなる精進を誓う重要な登山である。

各支部の指導教師が法華講員を引率し、御開扉のある休日を中心に、多くの参詣者で賑わった。

宗祖日蓮大聖人御聖誕八百年
令和五年 慶祝記念総登
The Commemorative General Tozan 2023
日蓮正宗 総本山 大石寺
Nichiren Shoshu Head Temple Taisekiji

法華講
西九州地方部
法光寺支部

日蓮正宗法華講
勝妙寺支

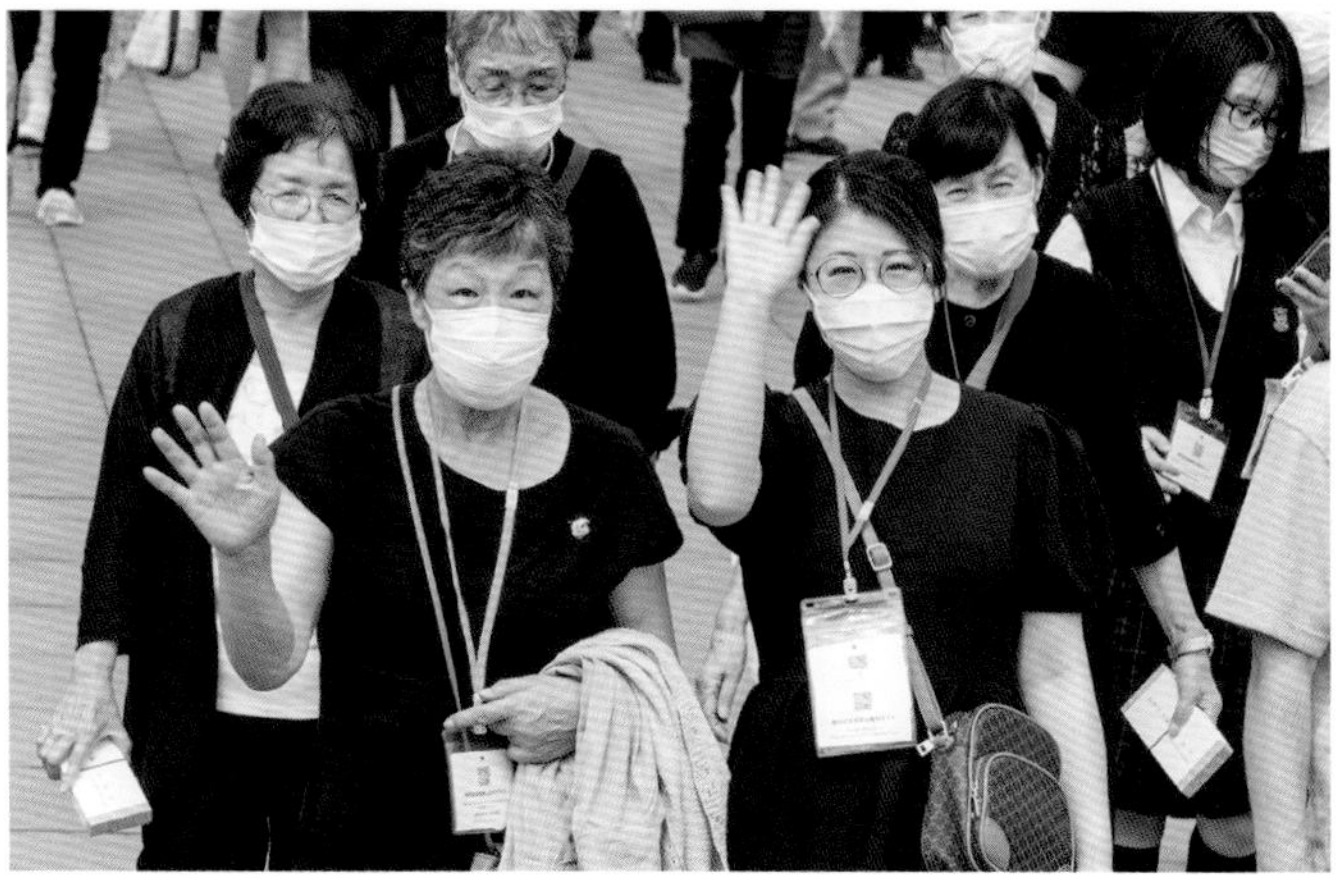

日蓮正宗総本山

慶祝記念総登山

令和五年十二月十九日（最終日）

令和五年三月四日から全百七十二日にわたり行われてきた慶祝記念総登山は、国内外から僧俗が多数参詣して、盛大に慶祝申し上げることができた。

御開扉を終えた参詣者の顔々は、皆喜びに満ちあふれ、折伏への決意を新たに帰途に就いた。

最終日の十二月十九日、総本山に集った宗祖日蓮大聖人御聖誕八百年慶祝記念局の全委員に対し、御法主上人猊下から、九年半にわたる慶祝事業の一切が無事に完了したことの労いのお言葉を賜った。

御法主日如上人猊下お言葉

（第七回 慶祝記念局委員会の砌）

本日は、第七回宗祖日蓮大聖人御聖誕八百年慶祝記念局委員会に当たりまして、各委員の方々には年末、何かと御繁忙のところを御出席いただき、まことに有り難うございます。

本年三月四日開催の宗祖日蓮大聖人御聖誕八百年慶祝記念総会の日より、十カ月間にわたって行われてきました宗祖日蓮大聖人御聖誕八百年慶祝記念総登山は、期間中の登山信徒総数、十七万六千三百余名をもって、本日、滞りなく終了いたします。

これをもちまして、

一、法華講員八十万人体勢の構築

二、総本山三門大改修、五重塔修復工事、さらに諸堂宇修復工事として、鬼門・二天門・御経蔵の修復、大講堂の改修、常灯坊の増築、大石寺墓地の整備、水道・電気設備等の工事

三、宗祖日蓮大聖人御聖誕八百年慶祝大法要および関連法要と慶祝記念総登山の実施

四、『日蓮大聖人略伝』『日蓮正宗聖典（改訂再版）』『日蓮大聖人の御生涯（英語版）』の出版

五、「大石寺三門展」および「大石寺五重塔展」の開催

六、米国ニューヨーク・妙説寺において行われた日蓮大聖人御聖誕八百年展

等の各記念事業は、平成二十六年六月以来、九年半に及ぶ事業推進によりまして、そのすべてを完遂することができました。

これひとえに、仏祖三宝尊の御加護はもとより、宗内僧俗御一同の強盛なる信心と篤き護法の精神に基づく愛宗護法の御奉公が結実したものであり、ここに甚深の謝意を表するものであります。まことに有り難うございました。

どうぞ各位には、今後ともいよいよ信行増進し、明年「折伏前進の年」をすがすがしく迎えられますようお祈りして、はなはだ粗略ながら、一言もって挨拶といたします。

（文責・大日蓮編集室）

記念局委員一覧（敬称略）

総　　裁　御法主日如上人猊下

委 員 長　八木日照

副委員長　藤本日潤　関野洋夫

常任委員

佐藤日学　秋元日高　阿部日明　漆畑日実　水島日叡　小川只道　梅屋誠岳
山﨑慈昭　新井契道　宮野審道　田爪鏡道　田中導正　森田厚道　井尻執道
小林道剛

委　　員

〈僧侶〉

土居崎日裕　佐藤日栄　髙野日安　舟橋日謙　梶原日経　岩城永学
鈴木慈昭　菅野修道　西田秀得　濱崎永行　日比野慈祐　三畝忍道
石山寿恩　関戸慈誠　松田泰玄　高木栄顕　芳賀円道　高木法賢　関快道
佐藤広明　堀寿妙　上地広暁　早瀬義久　近藤謙導　阿部美道　合原歓道
岩切護道　早瀬義栄　志岐長道　中村収道　沼田凡道　西岡雄信　諏訪涼道
石田栄尊　佐藤彦道　箱上泰学　岡崎法顕　小林京道　岩切耐道　大橋慈興
細川明仁　白井照研　小口寛道　高橋慈豊　磯村如道　長谷川斎道
伊藤光暁　黒沢糾道　阿部郭道　長澤弥道　松本随道　嶋応道　金塚義明
濵津治道　岡田門道　近藤恒道　園田司道　平井次道　尾身赴道　木内道和
早瀬道寧　早瀬道義　山賀道肇　大藪道宗　秦道二　菅野道渉　能勢道信
今野信圓　木村信龍　野尻雄達　石井信應　阿部正教　荒谷正鎮　早瀬信務

〈信徒・順不同〉

矢澤正人　清功　中元秀吉　田中正仁　松永直樹　塩谷逸平　佐藤博美
藍原博　柿崎芳太郎　武江政秋　菅野晋　本橋昌之　柴山満　斉藤博
稲垣隆一　佐々木宣英　波多野隆一　丸山幸治郎　山田富夫　田中隆司
土屋正也　新井淳　奥津匡俊　刑部道雄　山口博幸　吉田裕明　榊原裕行

林稠　増栄来　山下義男　鷲見美利　浅野長壽　田辺俊秀　荒井喜明
吉田勝　岩本初美　土井一義　中村千鶴　湯野雅子　中津川粋　永江拓朗
溝淵雄二　安藤泰　永松正直　横峯福美　早川重人　鎗丸明晃　林俊光
松元且喜　井手国弘　大原雅貴　酒井守　相良德伸　竹村大造　本多晃彦
久我美智子　原田恭光　南里洋子　下條映　渡邊定元　井出光彦　吉野達也
（宗祖日蓮大聖人御聖誕八百年慶祝記念局 記念事業終了時）

宗祖日蓮大聖人御聖誕八百年慶祝記念写真集

めぐりあえた大佳節
この喜びを折伏に

令和５年12月28日　初版発行

編集・発行　株式会社 大日蓮出版　〒418-0116　静岡県富士宮市上条５４６番地の１

ISBN978-4-910458-19-9
C0015 ￥545 E

定 価　600 円
（本体 545 円）⑩

大日蓮出版

withコロナ
新しい生活様式で進める地域づくり

～地域共生社会を見据えた地域活動のヒント集～

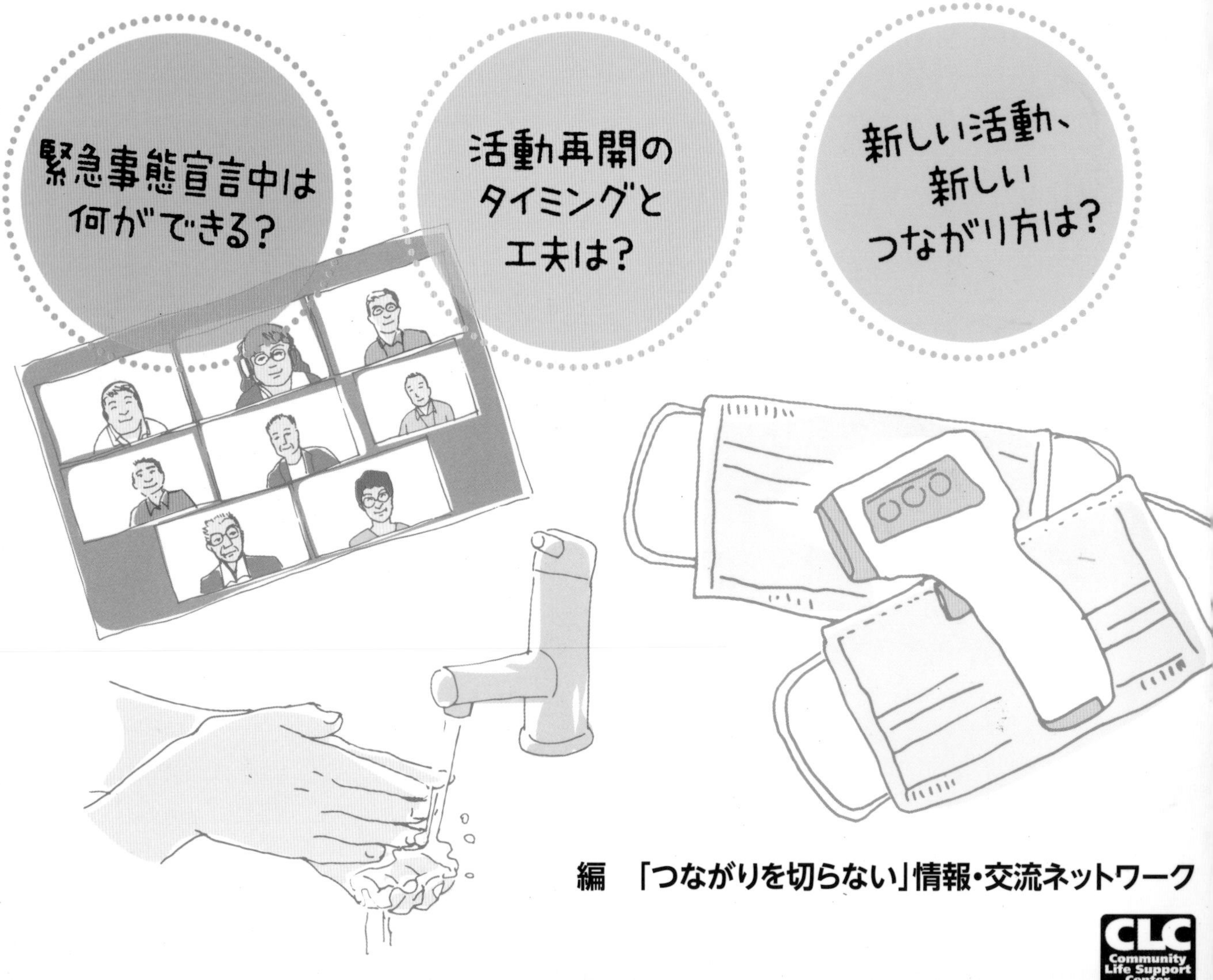
緊急事態宣言中は何ができる？
活動再開のタイミングと工夫は？
新しい活動、新しいつながり方は？

編　「つながりを切らない」情報・交流ネットワーク

CLC Community Life Support Center

もくじ

withコロナ
新しい生活様式で進める地域づくり

～地域共生社会を見据えた地域活動のヒント集～

はじめに …… 1

マンガつながる通信　つながりいろは …… 3

マンガで伝えたいこと　ご近所福祉クリエイション 主宰 ご近所福祉クリエーター　酒井 保 …… 6

第1章　緊急事態宣言中、私たちは何をしたのか …… 7
- 地域ボランティア沖代すずめ（大分県中津市）
- NPO法人すずの会（神奈川県川崎市）
- NPO法人子育て支援のNPOまめっこ（愛知県名古屋市）
- 解説　サロンや通いの場でできたつながりを途切れさせない

第2章　変わらないつながりから地域福祉を考える …… 13
- 女川町社会福祉協議会（宮城県女川町）
- 竹野南地区（兵庫県豊岡市）
- 解説　「地域のお宝」がコロナ禍で果たす役割

第3章　「そのとき」から未来を見つめ、専門職は何をしてきたのか …… 19
- 太田市社会福祉協議会（群馬県太田市）
- 多賀城市西部地域包括支援センター（宮城県多賀城市）
- 解説　「つながりたい」思いを専門職が受け止める

第4章　住民主体の活動の再開へ …… 25
- お茶っこの会（岩手県紫波町）
- 泡瀬第三自治会（沖縄県沖縄市）
- 解説　「つながりたい」思いをカタチにするための知恵と工夫

第5章　コロナ禍から見据える地域共生社会 …… 31
- くさか　つながる食堂（大阪府東大阪市）
- 宮城海岸ぷからさの会（沖縄県北谷町）
- 解説　住民主体で地域に居場所と役割をつくる～地域共生社会へのスタート～

座談会　コロナ禍から、気にかけ合うつながりづくりの社会へ …… 39

おわりに …… 44